Contraste insuffisant
NF Z 43-120-14

Illisibilité partielle

Valable pour tout ou partie
du document reproduit

Couvertures supérieure et inférieure
en couleur

# BULLETIN
## D'HISTOIRE ECCLÉSIASTIQUE
### ET
## D'ARCHÉOLOGIE RELIGIEUSE
### DES DIOCÈSES DE VALENCE
### GAP, GRENOBLE & VIVIERS

DIXIÈME ANNÉE — 6ᵉ (68ᵉ) LIVRAISON

Novembre-Décembre 1890.

Le présent numéro termine le dixième volume, dont il renferme la table. La prochaine livraison (1ʳᵉ de la 11ᵉ année) sera adressée à tous nos abonnés actuels ; nous osons espérer que tous voudront bien continuer à notre œuvre le concours de leur dévouement.

Le volume de 1891 renfermera, entre autres travaux importants : Les maisons de la Propagation en Dauphiné, d'après l'ouvrage récent de M. de Terrebasse ; La révolution dans les terres froides (Isère), ou les cantons de Viriou et de Châbons, de 1787 à nos jours, d'après des documents officiels et inédits, par M. l'abbé Lagier ; et en numéro supplémentaire : le Cartulaire du chapitre de Saint-Maurice de Vienne, suivi d'une Chronique inédite des évêques de Valence.

## PUBLICATIONS

RELATIVES A L'HISTOIRE ET A L'ARCHÉOLOGIE DES DIOCÈSES
DE VALENCE, GAP, GRENOBLE ET VIVIERS.

Tout ouvrage dont la rédaction recevra un exemplaire sera annoncé et, s'il y a lieu analysé.

### LIVRES.

CHEVALIER (chan. Jules), *Mémoire historique sur les hérésies en Dauphiné avant le XVIᵉ siècle, accompagné de documents inédits sur les sorciers et les Vaudois* (Collection d'opuscules Dauphinois, I). — Valence, J. Céas, 1890, pet. in-4 de 2 f.-104 p.

FAYOLLE (abbé André), *Notre-Dame de Paris. Mois de Marie prêché à Notre-Dame de Paris, année 1890*. — Paris, Lecoffre, 1890, in-8 de 272 p., plus 14 grav.

# SOMMAIRE

## de la présente livraison



Le *Bulletin* d'histoire ecclésiastique et d'archéologie religieuse des diocèses de Valence, Gap, Grenoble et Viviers paraît tous les deux mois, par livraison de deux feuilles et demie au moins.

Le prix d'abonnement pour un an est de trois francs, sans supplément ; de cinq ou dix francs, suivant le papier, avec numéros supplémentaires.

Les communications concernant la rédaction et les échanges doivent être transmises au secrétaire du Comité, M. le Chanoine Ulysse CHEVALIER, à Romans.

Pour le versement des souscriptions, le service et le payement des abonnements, on devra s'adresser au trésorier, M. le chanoine Jules CHEVALIER, au Grand-Séminaire de Romans.

Les prochaines réunions du Comité auront lieu les deuxièmes lundis de chaque mois, à deux heures et demie.

Imp. Jules Céas et fils, Valence.

cette cérémonie ayant été faite par Mʳ Rolland, toujours commis par
Mʳ l'aumônier de la garde nationale. Après quoi, ladite garde nationale et autres citoyens se sont livrés à des jeux champêtres et ré-
ouissances, et ont prononcés plusieurs fois : *Vive la nation, la loi et
le roi...* De tout quoi a été dressé procès-verbal par Mʳˢ lesdits offi-
ciers municipaux, en présence de mesdits sʳˢ Faure, Rolland, prêtres,
Michel et Rolland, diacres, Faure, clerc tonsuré, et mesdits sʳˢ de
la garde nationale et autres citoyens... »

*(La suite au prochain numéro).*

                                        L. FILLET.

# NOTICE

## SUR

# UN LIVRE D'HEURES PROVENÇAL

## DE 1265

*L*E moyen âge, qui n'avait pas à sa disposition la typographie pour
multiplier à l'infini les productions des auteurs ascétiques, pos-
sédait de nombreux monastères où d'habiles copistes transcrivaient,
pour le public lettré, ce que les écrivains sacrés de l'Ancien et du
Nouveau Testament avaient révélé au monde du règne de Dieu sur
l'humanité, et les prières que la sainte Église avait composées pour les
assemblées des fidèles.

Le livre d'heures, que les Dames Trinitaires de Valence ont bien
voulu nous communiquer, mérite d'être étudié avec soin, car certaines
particularités le distinguent de ceux que conservent en grand nombre
nos bibliothèques publiques, et les philologues attacheront du prix aux
textes en langue vulgaire que nous reproduirons.

Ce précieux manuscrit mesure 184 millim. en hauteur sur 13 centim.
de large : c'est, en style bibliographique moderne, un in-8⁰ carré. Il se
compose actuellement de 255 feuillets en vélin. Sa forte reliure en ma-

*roquin rouge, à fers et filets dorés, ne remonte pas au-delà du XVIIe siècle. Au dos ce titre : PSALTER. MSS., qui donnerait, comme il arrive souvent, une idée insuffisante du contenu. On peut encore lire sur le 1er feuillet cette inscription du XVe siècle : Celestinorum S. Marcialis de Gentilino, qu'on a renouvelée et complétée au XVIe : Celestinorum S. Marcialis de Gentillino Pontis Sorgencis. Ce livre d'édification appartenait donc, à cette époque, aux Célestins du Pont-de-Sorgues (Vaucluse).*

*Les 64 feuillets suivants comprennent autant de peintures poly-chromes, qui, avec leur cadre, mesurent environ 12 centim. 1/2 sur 8 1/2, Elles sont affrontées, c'est-à-dire qu'elles se font face du verso au recto suivant. Cette disposition, que l'on pourrait croire choisie pour l'agrément du lecteur, a permis au miniaturiste d'utiliser exclusi-vement le côté grenu du parchemin ; elle a eu pour fâcheux résultat la détérioration des peintures qui frottent l'une contre l'autre. Le sujet de ces représentations est l'histoire de l'Ancien Testament ; chacune d'elles est expliquée au bas par une légende en langue romane, parfois assez développée. Une main du XVIe siècle en a inscrit, d'ordinaire au dessus, un résumé en latin, avec renvoi au chapitre correspondant de l'Écriture Sainte. La disposition indiquée permet de conjecturer qu'il manque au moins deux feuillets à cette 1re partie : l'un après le n° 6, l'autre après le 10e ; cette constatation est pleinement confirmée par une note inscrite par les Célestins au verso du dernier : lxvj imagines sunt de Testamento Veteri.*

*Sur les deux feuillets suivants se trouve le texte de chacun des évan-gélistes qui justifie l'attribut que lui a donné l'iconographie : de petites miniatures, représentant un aigle, un homme, un lion et un bœuf, accompagnent les incipit. Le dernier verso est occupé par une table chronologique, qui donne, pour les années 1265 à 1305, avec la lettre dominicale, le jour de la fête de Pâques ; les années bissextiles sont signalées par un B'. Voici la première indication et la dernière : Anno* M CC.LXV. d nonas aprilis.... M.CCCV. c.xiiij (kal.) maii. *C'est exact, car les Pâques furent bien, en 1265 le 5 avril et en 1305 le 18 du même mois. La première mention est bien précieuse, car elle fixe indu-bitablement la date de la transcription du volume à l'année 1265. On sait que, soit dans les Bréviaires et Missels manuscrits du moyen âge, soit encore aujourd'hui dans nos livres liturgiques imprimés, la table temporaire des fêtes mobiles part de l'année courante : l'erreur, si erreur il y a, ne saurait être de plus d'un an.*

*La mention de s$^t$ Antoine de Padoue* (Antonii conf. de ordine fratrum Minorum, *13 juin) prouverait au besoin que le volume est postérieur à 1232, année de la canonisation de ce saint.*

*Le calendrier des fêtes fixes est compris dans les six feuillets suivants ; il indique, comme d'habitude à cette époque, l'épacte, la lettre dominicale, le quantième et la fête de chaque jour, plus le mouvement du soleil sur les signes du zodiaque. Il peut donner lieu à quelques remarques. — Au 25 mars :* Annuntiatio Dominica, hic mutatur millesimus ; *le renouvellement de l'année s'opérait le même jour à Valence, d'après les* Bréviaires *décrits dans un précédent* Bulletin (1). — *Au 27 du même mois :* Resurrectio Domini ; *cette date de la Résurrection du Sauveur, qu'on rencontre dans d'autres* Missels (2), *ne s'accorde pas avec les tables des Pâques données par les* Bénédictins, DU CANGE, *etc. : cette fête ne s'est pas rencontrée le 27 mars dans le I$^{er}$ siècle, entre l'an 12 et 91. En fixant la mort de Jésus-Christ à l'année 33 (communément admise), on trouve qu'il fut crucifié le 3 avril, ressuscita le 5 et monta au ciel le 7 mai (3). — Plusieurs fêtes, spéciales à la France, trahissent dès l'abord le pays d'origine du manuscrit :* S$^i$ Marcialis (*30 juin),* translatio s$^i$ Martini (*4 juil.),* translatio s$^i$ Benedicti (*11 juil.),* Germani episcopi (*31 juil.),* Ferreoli mart. (*18 sept.),* Remigii, Germani, Vedasti et Amandi episcoporum (*1$^{er}$ oct.),* Firmini episc. et conf. (*11 oct.),* Leonardi conf. (*6 nov.),* Bricii episc. et conf. (*13 nov.). — Il est possible d'aller plus loin et de préciser l'ordre religieux pour lequel il a été écrit, auquel du moins il a servi à l'origine. La mention de s$^t$ Thomas d'Aquin (*Thome de ordine Predicatorum, 7 *mars),* celle de s$^t$ Pierre martyr (*Petri martiris, de ord. Predicat., 29 avril),* canonisé en 1253, l'addition* patris ordinis Predicatorum *à l'article de s$^t$ Dominique sont d'une main postérieure, la même pour les trois inscriptions ; mais dans la Litanie dont il va être question,* sce Petre, *qui clôt la liste des martyrs après* sce Thoma (*Becket) n'est-il pas s$^t$ Pierre de Vérone ? Dans la même liste on a ajouté plus loin* sca Helizabet (*de Hongrie). Parmi les invocations on notera, dans le même ordre d'idées :* ut episcopos et priores nostro(s) et cunctas congregationes illis commissas in tuo sancto servitio conservare digneris.....,

(1) *T. IX, 1889, n° 69, p. 42.*

(2) *Par ex. ceux d'Arles-sur-Tech, XII$^e$ s.* (Mém. de la soc. des antiq. de France *5$^e$ sér., t. VI, p. 42),* d'Hereford en Angleterre, *1502* (WEALE, Analecta liturgica, *t. I, p. 146), de Liège, 1499 (ibid., p. 104).*

(3) Répertoire des sources historiques du moyen âge, *t. I, c. 1266.*

ut loca nostra et omnes habitantes in eis visitare et consolari digneris,
ut regularibus disciplinis nos instruere digneris. *Ajoutons que dans
les miniatures les religieux représentés sont toujours des moines* blancs.
*On ne s'écarterait donc pas beaucoup de la vérité en disant que ce
beau volume a servi à quelque riche tertiaire Dominicain.*

*La 2ᵉ partie du manuscrit est en grosse écriture à longues lignes
(13 cent. sur 9), au nombre de 23 à la page. Sur la marge droite de
chaque recto est peinte, avec des variantes indéfinies, une figure, tantôt respectable, tantôt grotesque, moitié homme, moitié animal dont la
queue se prolonge jusqu'au bas de la page. Les titres sont en vermillon,
les initiales alternativement rouges et bleues. Cette partie comprend :*
1° *en 106 feuillets les psaumes de David, partagés suivant l'ordre des
féries dans le Bréviaire pour matines et vêpres. L'initiale de* Beatus
*forme une jolie miniature en deux compartiments superposés : en
haut, le roi David jouant de la harpe; en bas, le même coupant la tête
à Goliath. D'autres, de moindre dimension, sont peintes en tête de
chaque férie et de vêpres.* 2° *Sans titre particulier, les cantiques in-
sérés dans l'office, le symbole dit de saint Athanase, le* Gloria in ex-
celsis, *le symbole des Apôtres et le* Pater. 4° *La Litanie dont il a
été parlé ; comme saints locaux on peut y signaler :* S. Dyonisi
cum sociis tuis, S. Maurici c.s.t., S. Hylari, S. Firmine. 5° *Hymnes, au nombre de 73. Plusieurs sont rimées ; leur cadence régulière
fait regretter la trop grande sévérité de la réforme classique qui en
a été faite au XVIᵉ siècle par des religieux trop imbus des principes
de la Renaissance. Elles se retrouvent toutes, avec les références vou-
lues, dans le* Repertorium hymnologicum *(1). Leur texte, dans ce
ms. du XIIIᵉ siècle, ne saurait offrir rien de particulièrement digne
d'intérêt. Une main du siècle suivant a inscrit l'hymne :* Aurora jam
spargit polum *sur le recto du 1ᵉʳ feuillet de la 3ᵉ partie, dont il reste
à nous occuper.*

*Les 50 feuillets qui terminent le volume offrent une composition ana-
logue à ceux du début : ce sont 49 peintures, représentant autant de
scènes du Nouveau Testament. Ici encore il y a un déficit ; il est même
plus considérable, car une note finale accuse 56 planches :* lvj imagines
de Testamento Novo sunt. *Un spécialiste pourrait seul apprécier avec
compétence, au double point de vue de l'esthétique et de l'exécution, ces*

(1) Catalogue des chants, hymnes, proses, séquences, tropes en usage dans
l'Église latine... ; *Louvain, 1889, gr. in-8ᵉ. L'impression est actuellement arrivée
au n° 6691 (Gabrielis vox).*

*peintures sur fond or (1). C'est raide, disproportionné parfois, informe ou tout à fait naïf : mais on y trouve partout une modestie austère et une mise en scène qui atteint le but qu'on s'est proposé : faire réfléchir le fidèle sur le sujet proposé à sa méditation : c'est comme la composition de lieu mise en usage par les ascétiques. Le sujet est indiqué au bas par une légende en langue romane, du plus pur provençal ; c'est la partie vraiment intéressante du volume. L'application d'un réactif sur quelques mots effacés par l'usage, les lumières de MM. Paul MEYER et l'abbé DEVAUX (2) pour les points douteux, me permettent d'espérer une lecture toujours exacte des parties qui n'ont pas résisté à mes efforts. Je vais les reproduire, en numérotant chaque planche et en résumant le sujet de la peinture. Pour reposer l'esprit du lecteur, j'adopte de grandes divisions, en prévenant qu'il n'y en a pas trace dans le manuscrit.*

## ANCIEN TESTAMENT.

### I. — Création du monde.

1. *Dieu, sous les traits du Verbe incarné* (Deus erat Verbum.....; omnia per ipsum facta sunt), *commence l'œuvre des six jours ; il tient dans sa main le globe terrestre et le bénit.*

Lo primier jorn que Dieus comenset a crear lo mon, e veus com tenc lo mon e som poder.

2. *Le second jour, Dieu sépare les eaux du firmament.*

El segon jorn, com Dieus devezi la terra de las aiguas.

3. *Le Tout-Puissant soulève d'une main le soleil et de l'autre la lune.*

El ters jorn, com Dieus mes lo soleil e la luna e las estelas el cel.

4. *Des arbres, sur l'ordre de Dieu, sortent informes du sol.*

El quart jorn, com Dieus creet los arbres (3).

5. *Dieu tient en sa main un poisson ; des oiseaux et des quadrupèdes paraissent devant lui.*

Com nostre Seinher, al sinquen dia, creet la bestias, els aucels, els peissons de la mar.

---

(1) LECOY DE LA MARCHE, *Les manuscrits et la miniature, Paris, Quantin, s.d.,* chap. *IV, V et VII.*

(2) *Ces deux philologues, que je ne saurais trop remercier de leur concours, se sont entendus à distance sur la majeure partie des corrections proposées. Ces textes appartiennent en effet à la langue provençale littéraire, absolument semblable à celle des troubadours du bassin du Rhône.*

(3) *On aura remarqué que l'ordre de la Genèse est ici interverti pour les 3e et 4e jours.*

**6.** *Création de la femme, après celle de l'homme.*

Com nostre Seinher, cant ac fag home e l'ac fag adormir, trais li una costa del destre costat e fes ne femena ad ajutori d'el, al seizen jorn.

**7.** *Dieu leur montre l'arbre de la science du bien et du mal.*

Com nostre Seinher mostra l'albre ad Azam e ad Eve, cant los ac mes em paradis, e veda ad els que non ma(n)jessont del frug d'aquel albre.

**8.** *Malgré la défense, ils mangent de son fruit.*

Com Azam et Azeva ma(n)jeron del pom de l'albre que Dieus lur avia devedat, per amonestament del serpen, so es assaber lo diable, etc.

**9.** *Le Seigneur leur apparaît ; ils couvrent leur nudité.*

Com nostre Seinher venc davan Azam et Azeva, et els, de vergonha que agron cant si viron nutz, celiriron (1) lur natura cascun d'una fuella d'albre ; e demandet per que avion manjat del frug que el lur avia vedat, et Adam respos : « Seinher, la fenna que m'as dada, (m')o a fag far », etc.

**10.** *Un ange les chasse du paradis terrestre.*

Com nostre Seinher fes gitar Azam et Azeva a l'angel, car li foron dezobedien, de paradis, etc.

**11.** *Eve a donné le jour à un premier fils, Caïn.*

Com Azeva jac de dos fils bessos, que l'us ac nom Abel e l'autre Cahim; e com los prumiers cram que agro. . . . . e l'autre. . . . .

**12.** *Sacrifices de Caïn et d'Abel au Seigneur.*

Com Cahim et Abel, que eron fraires, sacrificavon a nostre Seinhor de lur blat ; et Abel sacrifi(c)ava del mellor que avia e Cahim del avollor que avia, etc.

**13.** *Caïn tue son frère d'un coup à la tête.*

Com Cahim aucis son fraire Abel per enveia, etc.

**14.** *Le Seigneur interroge Caïn sur la mort d'Abel.*

Com nostre Seinher parlet a Cahim, cant ac mort son fraire Abel; e demandet li : « On es tos fraire Abel ? » et el respos : « E soi eu garda de mo fraire ? » etc.

**15.** *Adam travaille la terre, Eve tourne le fuseau.*

Com Azam et Azeva comenceron a trebaillar, cant foront gitat de paradis, etc.

_______

(1) *Pour* celeron.

## II. — Déluge.

16. *Un ange communique à Noé les ordres du Très-Haut.*

Com nostre Seinher mandet per l'angel a Noe que fezes l'arca, en que gandis aquelas cauzas qu'el li mande(t), cant volc destrure lo mon per aigua per la malicia de las gens, etc.

17. *Noé met dans l'arche les animaux de toute espèce.*

Cant Noe ac facha l'arca que Dieus li ac mandat, cant saup que l'esduluvis devia venir ; e com mes de cascuna creatura un pareil en l'arca, et aquellas personas que Dieus li ac mandat, etc.

18. *L'arche est portée par les eaux ; tout périt.*

Com l'arca anava per l'esduluvi de las aiguas, et com totas cauzas periron estier aquo que se salvet en l'arca davant dicha, etc.

19. *L'arche s'est arrêtée, la colombe rapporte un rameau.*

Cant l'esdolobis fon passatz, e remas l'arca entre dos puegz que son en Erminia segon que hom dis ; e com Noe, cant conoc que las aiguas eron amermadas, trames lo corp per vezer se las aiguas eron batzadas, et el trobet una caronhada, e comenset a manjar e non tornet ; e pueis el trames la columba que li aportet 1. ram d'oliver, et issiron de l'arca, etc.

20. *Noé cueille des raisins sur la vigne qu'il a plantée.*

Com Noe coil los rezims de la vinha que avia plantada, e fon lo prumiers hom que plantet vinha, ete.

21. *Noé est couché sur son lit ; conduite diverse de ses fils.*

Com Noe estet cant fon ibris del vi que ac begut de la vinha que avia plantada ; e com l'us de sos fils lo descobria, qu'en fazia son isquern, e l'autre lo copria per la vergoinha que avia de son paire e per bona fe, et aquel qu'el descobria fon maldigz, car fazia esquern de son paire.

22. *Construction de la tour de Babel ; confusion des langues.*

Com le gentil bastian la torre, lacal es appellada la tor Babel, lacal es in Babulonia, per paor si l'esduluvi venia. . . . . . es que. . pagneis. . gaor et. . . . . . mas us lengatgues, et nostre Seinher. . . . . . . . ses lenguatgues que son setenta. . . . . . . . . . cessent. . . . . . . . ., car no s'entendiont, etc.

23. *Sacrifice d'Isaac par Abraham ; un ange apparaît.*

Com Abraam volc sacrificar son fil Ysaac a nostre Seinhor, car el li o avia mandat ; e cant vi sa voluntat, trames li son angel que li o vedet e mostret li 1. mouto de que feses sacrifizi a lui, etc.

24. *Les âmes dans le sein (une nappe) d'Abraham.*

Com Abraam ten las armas en son sen, etc.

### III. — Sortie d'Egypte.

*25. Dieu apparaît à Moïse derrière un buisson ardent.*

Com nostre Seinher parla a Moysen et dis li que anes a Pharaon, que li disses qu'el.............; et adonc avia 1. boisson......... Moysen que el boisson cremet e non cremava, etc.

*26. Moïse contemple le buisson ardent, qui ne se consume pas.*

Com Moysen se meravillia cant vi lo boisson vert que davant l'era veiant, que tremes cant nostre Seinher parlava ab lui, etc.

*27. Moïse ordonne à Pharaon de laisser partir le peuple.*

Com Moysen dis a Pharaon que Dieus li manda que il deslivre som pobol, etc.

*28. Les Hébreux partent sous la conduite de Moïse et d'Aaron.*

Com Moysen deslivret lo pobol d'Israhel per la voluntat de Dieu del poder de Pharao, que non l'avia volgut alargar per neguna pestilencia que Dieus li agues tramessa denant.

*29. La mer s'entrouvre, frappée par la verge de Moïse.*

E com la mar si obri pel tocamen de la verga de Moysen, per la voluntat de Dieu, et en aissi passet outra ab tot lo pobol el dezert, etc.

*30-31. Pharaon périt, avec son armée, dans les flots de la mer.*

Com Faraon peri en mar ab sa cavalgada, que seguia lo pobol que Moysen ne menava, qu'el cujava far tornar areires e tener e som poder, etc.

*32. La manne tombe sous forme de pluie dans le désert.*

Com nostre Seinher trametia la manna cascun jorn al pobol, cant foron el desert e issit del poder de Pharaon, de que vivian ; et aquella manna avia lur sabor de oil que vianda aguesson celen ; e duret lur quaranta ans, e perderon o per lur follia, etc.

*33. Moïse élève le serpent d'airain, figure de Jésus-Christ.*

Com Moysen monstra la serpen al pobol que ac facha per mandamen de Dieu, que alcunas serpens poinhion alcuns del pobol e morion per aquella poinchura ; e el di(s) lur que cant neguns seria poingz d'aquellas serpens, gardesson aquella e serion guerit. Et aquella serpens signifiquet nostre Senher que devia esser mes en cros per l'uman linhatgue, e sil que siant poing ades gardon ben la passion a sa.....

*34. Dieu donne sa loi à Moïse sur le mont Sinaï.*

Com nostre Seinher dona la lei a Moysen el pueg de Synai, et e la nevol qu'es entr'amdos ; et aquella leis era escricha en taulas, etc.

35. *Le peuple attend Moïse pendant quarante jours.*

Com lo pobols esta el dezert entretan que Moysen anet recebre la lei de nostre Seinhor, e estet i per XL. jorns e XL. nuegz, etc.

36. *Il adore le veau d'or fabriqué par Aaron.*

Com alcuns del pobol adoron lo vedel que agron fag, entretan que Moysen esperava la lei que Dieus li donet, etc.

37. *Moïse dit au peuple qu'il a reçu de Dieu la loi.*

Com Moysen di al pobol que Dieus li a donada la lei en taulas, etc.

38. *Il sépare ceux qui sont restés fidèles au Seigneur.*

Com Moysen a triatz aquels que non adoreron lo vedel ni mescrezeron nostre Seinhor, etc.

39. *Il fait mettre à mort ceux qui ont adoré le veau d'or.*

Com Moysen fa aucir aquels que agron peccat en adorar lo vedel e desconogut Dieu ; e fes aucir los us als autres, etc.

## IV. — David et Salomon.

40. *Saül promet sa fille à David s'il tue Goliath.*

Com David, que era pastre, venc davant Saul, que era reis et oingz de Dieu ; e Saul mostra a David sa filla Nicola, e dis li que dara la li per moller si aucis Golias lo jaian, qu'es campios contra el e contra som pobol, etc.

41. *David tue Goliath de sa fronde et lui tranche la tête.*

Com David aucis Golians ab i. peira de fonda e pueis tolc li lo cap, et aisso fes per la voluntat de Dieu, etc.

42. *Saül donne en mariage sa fille Michol à David.*

Com Saul dona sa filla a David, car a mort Golias e moutz d'autres de sos enemics, etc.

43. *Saül inquiet consulte la pythonisse d'Endor.*

Com la fenna encantairis, que sabia de l'art de nigromancia, fes cemblant a Saul qu'el feze[s] parlar ab Samuel la propheta pueis que fon mortz ; car Saul li cosseillava ab el entretan que vivia, que volial demandar com li penria de la batailla que devia far ab los faristieus, etc.

44. *Vaincu par les Philistins, Saül se perce de son épée.*

Com Saul aucis se mezeis per dolor que ac cant vi que sos enemics vencion sas gens, e com sos escudiers lo soste(c) cant vi que moria, etc.

*45. David remet à Urie, mari de Bethsabée, des lettres pour Joab.*

Com David bailla las letras ad Urias son cavalier, que las bail ad so senescalc, que estava per lui en la batailla contra sos enemics ; en las cals letras si contenia que el meseis que portava las letras fos mes en tal luec de batailla que moris : car David avia emprenhada sa moller e no volia que o saubes el, etc.

*46. Le prophète Nathan reproche ses crimes au roi David.*

Com la propheta reprent David per lo peccat que avia fag, que era grans, d'Urias e de sa moller, etc.

*47. David s'isole de la société et fait pénitence.*

Com David si soterret per lo peccat que avia fag, per so que nostre Seinher loil perdones, cant la propheta l'en ac repres. Et adonc fes los set salmes e nostre Seinher trames li aqui son angel, etc.

*48. Absalon, resté pendu à un arbre, est percé d'un trait.*

Com Absalon, fil de David, que era lo plus bels hom del mon, que guerreiava ab son paire, cant venc i. jorn que fugia per aisso que la ost de som paire vencia la soa ; et en i. bosc remas pendutz en i. albre e son caval emblet si desotz el ; et us cavallier de son paire, que l'encausava, aucis lo, etc.

*49. Samson, assis sur un lion, lui brise la mâchoire.*

Com Samson, fil de David, que era lo plus fortz hom del mon, que pueis mori per sa forsa, tolc per forsa la bresca al leon qu'en portava, etc.

*50. Jugement de Salomon, le plus sage des hommes.*

Com Salamon, fil de David, que fon lo plus savis hom del mon, jutguet lo contrast de l'efan que era entre las doas ma(n)cipas, aissi com si conten en la pistola, etc.

*51. Salomon adore les dieux des femmes païennes.*

Com Salamon adoret los dieus de la pagana per amor d'ela, tan la amava, en dezamparet lo sieu Dieu ver ; e cant si reconoc d'aquel fallimen que avia fag contra Dieu, fugi sen en i. bosc, etc.


### V. — Préparation évangélique.

*52. Les offrandes de Joachim et d'Anne sont refusées au temple.*

Com Joachim et Anna, paire e maire de nostra Dona, foron acomiadat del temple per lo capela del temple, et no volc penre lur offerta ; car escrig era en la lei viella, que qui non avia efan era maldig de Dieu ; e els non avian minga et avion estat ganre esenzs, etc.

53. *Un ange console sainte Anne et lui prédit un prochain enfantement.*

Com l'angels conortet sancta Anna, cant si marria en l'ort, e dis li qu'ela era preins d'un efan, que anc mais non fo som par ni sera, el cal ort era ab sa sirventa pres d'un laurier, etc.

54. *Le même ange apparaît à Joachim dans le désert.*

Com l'angles venc a Johachim, que stava el desert maritz ab sos pastors et ab son bestiari, e dis li que sa moille era preingz d'una filla e que tornes ad ella, « et era cosseupuda enans que fossetz acomiadat del temple, e car tu non o sapias e tu l'avias deamparada », etc.

55. *Joachim offre un agneau en sacrifice au Seigneur.*

Com Johachim pres l'anhel de que avia covidat l'angel de manjar, e preguet a nostre Seinhor qu'el deinhes recebre son sagrifizi, car l'angels li o ac aissi dig, etc.

56. *L'ange apparaît de nouveau à Joachim endormi.*

Com l'angels venc a Joachim cant dormia e dis li co non tornava a sa moller Anna, aissi com el li avia dig, etc.

57. *Joachim s'entretient de l'apparition avec des pasteurs.*

Com Joachim parla ab los pastors sieus cant l'agroli levat del sol o era ablesmatz, que si cujavon que fos mortz, et el conta lur so que l'angels li ac dig, etc.

58. *Joachim rencontre sainte Anne et l'embrasse.*

Com Joachim e sancta Anna s'encontreron a portas aurias e s'abrasseron, aissi com l'angels lur o ac dig, etc.

59. *Sainte Anne vient de donner le jour à Notre-Dame.*

Com sancta Anna jas de nostra Dona, etc.

60. *Joachim et sainte Anne présentent Marie au temple.*

Com Joachim e sancta Anna ameneron nostra Dona lur filla al temple, etc.

61. *Ils y laissent leur fille et retournent à leur demeure.*

Com Johachim e sancta Anna s'entornon a lur maizon, cant agron laissada nostra Dona al temple per servir, etc.

62. *Ils prient le Seigneur de leur indiquer son époux.*

Com Habiatar e Joachim e sancta Anna e nostra Dona pregavon nostre Seinhor, que lur demostres cals devia esser espos d'ella, etc.

63. *Une colombe sur la verge de Joseph le désigne.*

Cant la trips de Judas ac gazanhada la sort de las autras trips, e pueis aquella trips de Judas ajustet si ; e cadauns tenc sa verga el man e pregavon a nostre Seinh[or], que lur deinhes demostrar alcun signe en la verga d'aquel que volria que fes espos de Maria ; e com adoncs venc columba en la verga de Joseph et era plus vieils que negun dels autres ; et aquel fon espos de Maria, etc.

64. *Joseph emmène Marie à sa demeure.*

Com Josep enmena Maria e sa maizon, ab las verges que il fazessont companhia, etc.

65. *La roue de la fortune* (rota fortune, *suivant une note ajoutée au* XV^e *siècle*) *termine ces figures ; à droite s'y cramponne un homme à qui l'avenir sourit* (regnabo) ; *au sommet un roi avec son sceptre* (regno), *buvant à la coupe du bonheur ; auprès de lui sont deux autres coupes : à gauche celle du passé, pleine d'un breuvage amer, à droite celle de l'avenir, dont on ignore la saveur ; un 3^e personnage, que la fortune trahit, cherche en vain à se cramponner à la roue et tombe la tête en bas* (regnavi) ; *un 4^e, dépouillé de tout, est attaché au-dessous de la roue* (non regno).

Aisso es aventura, so es assaber la roda del mon, etc.

## Nouveau Testament.

### VI. — Incarnation, naissance et vie du Sauveur.

66. *L'ange Gabriel apparaît à Marie et la salue :* Ave.....

Com l'angels Gabriel anunciet a nostra Dona cant li dis : Ave, Maria, etc.

67. *Etonnement de Joseph à la grossesse de Marie.*

Com Josep si meravillet cant vi nostra Dona, espoza sieua, preinh, que no sabia com era vengut, e reptava ne las verges a cui l'avia comandada.

68. *Il veut fuir ; un ange lui apparaît et le rassure* (1).

Com l'angels conortet Josep que s'en volia fugir d'ira e de vergoinha cant vi nostra Dona, sa espoza, preinh ; e l'angels dis li que del Saing Esperit avia conceuput.

69. *Jésus vient de naître ; il est couché entre deux animaux.*

Com nostra Dona efantet e jac de nostre Seinhor.

70. *Un ange annonce la bonne nouvelle à des bergers.*

Com ano(n)ssiet l'angels als pastors que nostrei Seinher era natz em Beleem.

(1) *Cette scène est transportée après le n° 75, moins par la faute du relieur que de celle de l'enlumineur. Il a commis d'autres interversions sans importance.*

71. *Le Sauveur est circoncis le 8e jour et nommé Jésus.*

Com nostre Seiñher fon circumcis a l'octau jorn de sa nativitat, e fon apellatz Jezus.

72. *Trois rois viennent l'adorer et se présentent à Hérode.*

Com li tres rei vengron davant Erodes, que anavant adorar nostre Seinhor ; e Erodes preguet lur que cant l'auriont trobat, que tornessont ad el e que loil esseinhessont, que el l'iria adorar.

73. *Les mages offrent leurs présents à Jésus, qui les bénit.*

Com li tres rei adoreront nostre Seinhor et li offriron aur e ensens e mirra.

74. *Un ange les prévient de ne pas retourner vers Hérode.*

Cant l'angel dis als reis, que agron adorat nostre Seinhor, que non tornesson ad Erodes.

75. *Jésus est offert au temple ; le vieillard Siméon.*

Com nostra Dona offri nostre Seinhor el temple a saing Symeon, ab doas columbas.

76. *La sainte famille, prévenue par l'ange, fuit en Égypte.*

Com Jozep e nostra Dona s'enfugion ab nostre Seinhor per paor d'Erodes en Egipte, que l'angels o ac revelat la nueg a Jozep.

77. *Hérode en fureur ordonne le massacre des Innocents.*

Com Erodes comandet a sos cavaliers aucire los enfans totz de son regne, que foron C.XLIIII. milia.

78. *Des soldats arrachent des enfants à leurs mères et les tuent.*

Com Erodes fes aucir los enfans, que foron C.XLIIII. milia.

79. *Marie et Joseph retrouvent Jésus dans le temple.*

Com nostra Dona e Jozep troberon nostre Seinhor cant l'agron perdut el temple, ques desputava ab los Juzieus.

80. *Il est baptisé dans le Jourdain par saint Jean-Baptiste.*

Com saingz Jo(hans) Babtista batejet nostre Seinhor, et adonc avia xxx. ans.

81. *Le diable tente Notre-Seigneur pendant son jeûne.*

Com lo diables volc temptar nostre Seinhor cant fazia la quarantena el desert, que li dis que « se Fils de Dieu ist, digas que aquestas peiras siant pas e mangia ne » ; e el respos li : « Escrig es que hom no viu de sol pan » ; e pueis portet lo sobrel temple, e dis li ques gites aval.

82. *Jésus ressuscite Lazare à la prière de ses sœurs.*

Com nostre Seinher ressuscitet lo Lazer, pels precs de sancta Marta e de la Magdalena, serors d'el.

## VII. — Passion du Sauveur.

**83.** *Jésus entre en triomphe à Jérusalem sur une ânesse.*

Com nostre Seinher intret en Jerusalem cavalgant en la sauma, e la honor qüeil fil dels Ebrieus li fazion.

**84.** *Jésus lave les pieds à ses apôtres la nuit de la cène.*

Com nostre Seinher lavet los pes als apostols la nueg de la Cena, e dis lur : « Essemple vos don que en aissi com eu o fauc, en aissi o fassatz vos autre ».

**85.** *Judas reçoit les trente deniers, prix de sa trahison.*

Com Judas pren los trenta deners per los cals ac donat e vendut nostre Seinhor, e pueis s'en pen e los lur rendet.

**86.** *Pendant la cène, saint Jean incline sa tête sur son maître.*

Com nostre Seinher cenet ab sos apostols, e com saingz Johans si enclinet son cap sobrel pieg de nostre Seinhor.

**87.** *Les Juifs s'emparent de Jésus après le baiser de Judas.*

Com li Juzieu prezeron nostre Seinhor cant Juzas (1) lo lur ac vendut ; e Juzas (1) lur ac dig : « Aquel qu'eu baizarai, prenes e veus col baiza. »

**88.** *Notre-Seigneur est conduit devant Pilate.*

Cant li Juzieu agron pres nostre Seinhor, com l'adusseront davant Pilat.

**89.** *Les Juifs tournent la royauté du Sauveur en dérision.*

Com li Juzieu, cant agron pres nostre Seinhor ni adug en la carcer, que per isquern li vestiron i. pali e l'asegron en la cadieira, el mezeron una verga el man, e agenolavon si denant el per esquiern e il donavon a la gauta, e disseron li : « Dieus ti sal, rei dels Juzieus ».

**90.** *Saint Pierre pleure d'avoir renié trois fois son maître.*

Com saing Peire si ploret cant ac negat nostre Seinhor, e recordet si cant auzi lo gal cantar, per la paraula que nostre Seinher li avia dicha, so es assaber que « avans qu'el gals cante, mi auras negat iii. vegadas ».

**91.** *Jésus devant Hérode, auquel Pilate l'a renvoyé.*

Com nostre Seinher es davant Erodes, que Pilatz lo il ac trames per vezer, car Erodes lo i avia mandat e pregat ; e per amor d'aisso Pilatz et Erodes foron amic, que si voli(a)nt mal.

_______________

*(1) On a corrigé tardivement :* Judas.

**92.** *Hérode le renvoie, vêtu d'une robe blanche, à Pilate.*

Cant (1) lo rei Erodes fes tornar nostre Seinhor, cant l'ac vist, a Pilat e l'ac fag vestir de blanc, car lo tenc per fol, que no il volc parlar.

**93.** *Pilate fait subir à Jésus le supplice de la flagellation.*

Com Pilatz fes batre nostre Seinhor.

**94.** *Pilate se lave les mains, comme innocent de ce sang.*

Com Pilatz lavetz sas mas cant ac livrat nostre Seinhor al Juzieus a crucificar, e dis lur : « Eu no soi nosens del sanc d'aquest drechurier ».

**95.** *Les Juifs se partagent les vêtements du Sauveur.*

Dels Juzieus com deviziront la rauba de nostre Seinhor per sortz, qu'el parzeront cant l'agron mes en cros.

**96.** *Judas, tombé dans le désespoir, se pend à un arbre.*

Com Juzas si pendet per dezesperansa, car ac vendut nostre Seinhor.

**97.** *Jésus est descendu de la croix et remis à sa mère.*

Com dessenderont nostre Seinhor de la cros.

**98.** *Joseph d'Arimathie oint les plaies du Sauveur.*

Com oiceront las plagas a nostre Seinhor, e com fon pauzatz el monumen.

### VIII. — Résurrection, Ascension, Pentecôte.

**99.** *Jésus, entouré d'anges, ressuscite vivant du tombeau.*

De la ressurexio e com nostre Seinher ressucitet.

**100.** *Les trois Maries viennent visiter le tombeau.*

Com las tres Marias vengron al monumen en que nostre Seinher fon pauzatz, e l'angels dis lur que ressucitatz era e non era aqui.

**101.** *Notre-Seigneur apparaît à Madeleine dans le jardin.*

Com nostre Seinher aparet a la Magdalena cant fon ressucitatz e dis li : « Nom vuelas tocar » ; e dis li que disses als apostols e a Peire qu'en Galileam veniarian, si com eu lur avia dig.

**102.** *Le Sauveur fait toucher la plaie de son côté à Thomas.*

De nostre Seinhor cant mostret sas plagas a saing Thomas.

**103.** *Il monte au ciel, en présence de sa mère et des apôtres.*

Com nostre Seinher s'en pujet el cel, vezent sa maire e vezen sos apostols.

(1) *Pour* Com.

104. *Le Saint-Esprit descend sur Marie et sur les apôtres.*

Com nostre Seinher trames lo Saing Esperit als apostols, els alumenet de la sua gracia, et aqui mezeis saupron parlar de totz lengatgues.

105. *Mort de la sainte Vierge ; Jésus reçoit son âme.*

Del passamen de nostra Dona, que nostre Seinher pres s'arma.

106. *Saint Pierre et saint Paul portent son corps au tombeau.*

Com saing Peire e saingz Pauls porteron nostra Dona sebelir cant fon passada ; e com li Juzieu la lur cujavon tolre, remani(a)nt pendut entrenant.

107. *Notre-Seigneur couronne sa mère dans le ciel.*

De nostre Seinhor, com coronet nostra Dona, maire de lui.

### IX. — Fins dernières.

108. *Le Verbe incarné vient juger tous les hommes.*

Com nostre Seinher venra jutgar al jorn del juzizi ; com nostra Dona e saing Johans pregaran per lo huma linatgue.

109. *Au son de la trompette les morts sortent des tombeaux.*

Com las gens ressucitarant al jorn del jutgament, els angels com cornarant.

110. *Abraham emmène les justes dans la gloire.*

Com Abraam menara los justz en gloria apres lo jutgamen.

111. *Tableau de vingt bienheureux couronnés en paradis.*

Com las gens istarant em paradis.

112. *Satan emmène les méchants enchaînés en enfer.*

Com lo diables enmenara los peccadors en efern, cant nostre Seinher aura donada la sentencia al jorn del juzizi.

113. *Les démons tourmentent les pécheurs qui brûlent en enfer.*

Dels peccadors com estarant en efern.

114. *Jésus dans sa gloire, entouré des attributs des évangélistes.*

Com nostre Seinhor esta en sa magestat.

115. *Saint Michel archange terrasse le dragon.*

Saing Michel archangel com aucis lo colobre.

Ulysse CHEVALIER.